Erhard Dietl

Streitgeschichten

Mit Zeichnungen des Autors

Loewe

Die Deutsche Bibliothek – CIP-Einheitsaufnahme

Dietl, Erhard:
Leselöwen-Streitgeschichten / Erhard Dietl.
Mit Zeichn. des Autors.
– 1. Aufl. – Bindlach : Loewe, 1998
(Leselöwen)
ISBN 3-7855-3232-6

Dieses Buch ist auf chlorfrei gebleichtem Papier gedruckt.

ISBN 3-7855-3232-6 – 1. Auflage 1998
© 1998 Loewe Verlag GmbH, Bindlach
Umschlagillustration: Erhard Dietl

Inhalt

Ein Schuh im Abfallkorb 9
Der schwarze Rächer 16
Das Ober-Nerv-Geschwist 25
Julia im Bad 33
Das Geburtstagsfest 42
Auf dem Garagendach 51

Ein Schuh im Abfallkorb

„Meine Eltern streiten nie!", erklärt Olli.

„Meine schon", sagt Gabi. „Dann schreien sie sich an und knallen die Türen zu. Aber sie vertragen sich schnell wieder, und dann ist es schön!"

„Meine streiten nicht", sagt Olli noch mal. „Wenn mein Papa sauer ist und so, dann sagt er einfach nichts mehr. Und wenn meine Mama sauer ist, geht sie zu ihrer Freundin und so."

„Also streiten sie doch!", sagt Gabi.

„Aber nicht richtig", meint Olli. „Sie schreien sich nicht an und so."

„Sag nicht immer *UND SO*", sagt Gabi.

„Mach ich doch gar nicht!"

„Doch! Machst du!"

„Mach ich nicht!"

„Machst du doch! Du merkst es nur nicht!"

„Na und? Wieso stört es dich, wenn ich *UND SO* sage?"

„Stört mich ja nicht. Aber es klingt doof, wenn einer ständig *UND SO* sagt!"

„Klingt auch doof, wenn jemand ständig herummeckert."

„Tu ich doch gar nicht!"

„Tust du doch!"

„Tu ich nicht!"

„Tust du doch!"

„Ich find es eben gut, wenn man sagt, was einen nervt!"

„Du findest also Streiten gut?!"

„Klar, man darf doch auch mal schimpfen! Danach ist die Luft wieder sauber gewaschen. Wie nach einem Gewitterregen!"

„Gewitterregen! Klingt ja toll, Frau Schlaumeier! Die Eltern von Felix haben sich getrennt. Vorher haben sie dauernd gestritten. Das hat nichts sauber gewaschen."

„Dann war's ein Erdbeben und kein Gewitter", sagt Gabi. „Oder sie waren zu rechthaberisch. Erwachsene sind oft so doof und rechthaberisch!"

„Ich find's beknackt, wenn sich Erwachsene streiten!", sagt Olli.

„Was sollen sie sonst tun? Vielleicht raufen?"

„Streiten ist doch wie Raufen. Raufen mit Worten", meint Olli.

„Dann find ich auch Raufen gut!", ruft Gabi.

Sie gibt Olli einen Schub.

Olli stolpert und fällt ins Gras. „Hör auf!", ruft er. „Was soll denn das?"

Doch schon kniet Gabi über ihm. Sie drückt ihm die Schultern auf den Boden.

„Lass mich leben!", ruft Olli. Er will sich losmachen, aber Gabi ist stärker.

„Hilfe, Gabi das Ringermonster will mich töten!", ruft Olli.

„Dafür musst du büßen!", ruft Gabi. „Dein linker Schuh wird geopfert!"

Sie dreht sich um und versucht, Olli den Schuh auszuziehen. Olli wehrt sich vergebens. Bald hält Gabi den Schuh hoch wie eine Trophäe.

„Verabschiede dich von deinem Schuh!", sagt sie. „Er wird den Abfallgöttern geopfert!"

„Jetzt reicht's!", ruft Olli. „Gib den Schuh her!" Er hat sich hochgerappelt und will Gabi den Schuh aus der Hand reißen.

Doch Gabi ist schneller. Sie läuft ihm einfach davon. Hat ja auch zwei Schuhe an und Olli nur einen.

Drüben am Wegrand hängt ein Abfallkorb. Dort steckt Gabi den Schuh hinein.

„Hier liegt er!", ruft sie. „Zur Abholung bereit!"

„Du bist so bescheuert!", brüllt Olli zurück. Er zieht eine Schnute und fischt seinen Schuh heraus.

„Ich will mich nicht mit dir streiten!",
sagt er.

„War doch kein Streit", sagt Gabi. „War doch nur Spaß!"

„Nein! War Streit!"

„Nein! Spaß!"

„Streit!"

„Spaß!"

„Streiiiit!"

„Spaaaaß! Spaß! Spaß! Spaß! Spaß! Spaß!"

„Du bist wirklich total rechthaberisch und so!", sagt Olli und zieht seinen Schuh wieder an.

Der schwarze Rächer

Es hat über Nacht geschneit. Die Kinder sind draußen auf dem Schlittenberg.
 „Ich glaube, du tickst nicht mehr richtig!", schreit Max. Thomas hat ihm gerade einen Schneeball mitten ins Gesicht geworfen. Max schnäuzt sich den Schnee aus der Nase. Zum Glück blutet es nicht.

„Selber schuld!", sagt Thomas. „Hab hinten auf deine Mütze gezielt. Bist selber schuld, wenn du dich plötzlich umdrehst!"

„Haha. Sehr lustig", entgegnet Max. „Gib doch wenigstens zu, dass es Absicht war."

„Ach, mit dir rede ich doch gar nicht", sagt Thomas und tippt sich an die Stirn.

„So ein doofer Hund", denkt Max. Schnell wirft auch er einen Schneeball nach Thomas. Doch der lacht nur, und schon ist er mit seinem Schlitten auf und davon. Uli, Jenni und Christian sausen hinterher. Auch Max rodelt den Hügel hinunter, aber so richtig Spaß macht es ihm nicht mehr. Immer wenn Thomas dabei ist, gibt es Ärger! Mit den anderen Kindern versteht er sich prima. Nur mit Thomas hat er immer Streit!

Der Schlitten von Max kommt neben Thomas zum Stehen. „He! Fahr mir nicht über die Zehen!", meckert Thomas.

Er reißt Max die Mütze vom Kopf und ruft: „Du hast deine Mütze verloren!"

„Gib sie zurück!", schreit Max.

Thomas wirft die Mütze zu Uli, und der wirft sie zu Jenni, und von Jenni wandert sie zu Christian.

„Ihr seid so bescheuert!", sagt Max. Christian gibt Max die Mütze zurück.

„Sonst fallen dir deine Segelohren ab!", hänselt Thomas.

„Du kannst mich mal!", sagt Max.
Er überlegt, ob er einfach heimgehen soll. So macht das Schlittenfahren keinen Spaß. „Einmal fahr ich noch runter", denkt er, „dann geh ich heim." Er stapft hinter den anderen her, den Hügel hoch. Da sieht er etwas Blaues im Schnee liegen. Es ist die Taucheruhr von Thomas! Die kennt Max genau. Stolz wie ein Pfau ist Thomas auf seine Uhr.

Max bückt sich schnell und hebt sie auf. „He! Du hast deine Uhr verloren!", will er Thomas zurufen. Doch er zögert einen Moment – und schon wandert die Uhr wie von selbst in seine Hosentasche.

„Ich muss jetzt gehen!", ruft er. Dann läuft er nach Hause.

Dort setzt er sich auf sein Bett und schaut sich die Uhr von Thomas an. Eine tolle Uhr. Knallblau und wasserdicht und an der Seite ein Drücker, mit dem man die Zeit stoppen kann. „Geschieht ihm recht, dass ich seine Uhr hab", denkt Max. „Bestimmt hat er inzwischen gemerkt, dass er sie verloren hat, und ärgert sich grün und blau! Er weiß ja nicht, dass ich sie gefunden hab. Ich hab sie ja gefunden und nicht gestohlen, oder? Und was man findet, darf man behalten, oder?" Plötzlich klopft ihm das Herz bis zum Hals. Was soll er jetzt mit der Uhr machen?

Er kann sie niemandem zeigen, er kann sie nicht mal tragen, nur heimlich – das ist doch total doof. „Eine Diebesuhr!", denkt er mit einem Mal, „es ist eine Diebesuhr!" Er legt sie in eine Schachtel und stellt sie ganz oben ins Regal.

Dauernd muss er jetzt an die Uhr denken. Beim Abendessen fragen die Eltern: „Was ist los? Du bist so still!"

„Nichts ist los", sagt Max.

Später dann im Bett kann er lange nicht einschlafen. Er kramt die Uhr wieder aus der Schachtel. Soll er sie behalten? Soll er sie wegwerfen? Oder soll er sie einfach dahin legen, wo er sie gefunden hat?

Dann hat er eine bessere Idee. Er schreibt auf einen Zettel:

> Hallo Thomas!
> Deine Uhr wurde ein bisschen geklaut. Du kannst sie aber wiederhaben.
>   Der schwarze Rächer

Dann steckt Max den Zettel und die Uhr in einen Briefumschlag.

Am nächsten Morgen will er den Umschlag bei Thomas in den Briefkasten werfen. Auf dem Weg zur Schule kommt er da sowieso vorbei.

Max steht vor der Haustür. Die ist leider zu, und die Briefkästen hängen alle innen. „Ich klingel einfach irgendwo", denkt Max. Gerade will er auf die Klingel drücken, da geht die Haustür auf. Thomas steht vor ihm!

„Was machst denn du da?", fragt er.
Max wird tomatensoßenrot im Gesicht.
„Äh, das da ist für dich …", stottert er.
Thomas reißt den Umschlag auf.
„Meine Uhr!", ruft er. „Wo hast du sie her? Ich hab sie überall gesucht!" Dann liest er den Zettel.
„Wahnsinn", sagt er, „du hast sie geklaut, und ich hab nichts gemerkt!"
„Der schwarze Rächer!", sagt Max, „verstehst du?"
„Wahnsinn", sagt Thomas noch mal. Er boxt Max an die Schulter. Dann gehen sie zusammen in die Schule.
Sie haben ja den gleichen Weg.

Das Ober-Nerv-Geschwist

„Wieso ist meine Schwester nur so eine dumme Gans?", denkt Stefan. „Die ganze Zeit sitzt sie da und liest Pferdebücher."

„Ist doch oberbescheuert!", sagt Stefan zu ihr. „Geh lieber mit zum Strand!"

„Vergiss es. Ich bleibe hier!", sagt Paula.

Jetzt sind sie schon drei Tage hier in Italien, und Paula war noch nicht am Strand! Den Eltern ist das egal. Sie sagen, im Urlaub kann jeder tun und lassen, was er will. Solange er die anderen nicht stört. Stefan stört aber alles, was Paula macht.

Wenn Paula ihre neue Hose anhat, sagt er: „Sieht furchtbar aus! Total spießig!"

Wenn sie findet, dass das Eis besser schmeckt als zu Hause, sagt Stefan: „Nein, es schmeckt schlechter."

Umgekehrt geht das genauso.

Wenn Stefan sagt, dass die Nudeln weich sind, findet Paula die Nudeln zu hart.

Wenn er vom grünen Meer erzählt, behauptet Paula: „Das Meer ist blau, du bist farbenblind."

Jetzt macht Paula das Radio an.

„Nein! Nicht diese Dödelmusik!", meckert ihr Bruder.

„Geh doch raus, wenn's dich nervt!", sagt Paula. „Wenn du so unmusikalisch bist!"

Das ärgert Stefan. Er zieht seine Mundharmonika aus der Tasche und bläst hinein. Laut und schrill und nervig.

Dödelmusik gegen Mundharmonika-Gequietsche.

„Verdammt noch mal! Müsst ihr ewig streiten!", mischt sich Papa ein. „Könnt ihr euch nicht wenigstens in den Ferien vertragen?"

„Mit Geschwistern wie Paula kann sich kein Mensch vertragen!", sagt Stefan. „Die nerven immer."

„Und du", ruft Paula, „du bist das *Ober-Nerv*-Geschwist!"

„Ha! Geschwist sagt man nicht!" Stefan lacht. „Da sieht man mal, wie doof du bist!"

„Jetzt reicht's aber!", sagt Mama. „Wenn ihr euch nicht vertragt, geh ich mit Papa allein an den Strand. Und ihr bleibt hier im Haus!"

„Ist mir egal", sagt Paula. „Ich geh sowieso nicht an den Strand!"

„Irgendwann schieß ich sie auf den Mond", denkt Stefan. „Dort oben kann sie dann herumnerven, solange sie will."

Am nächsten Tag geht Paula doch mit an den Strand. Sogar allein mit Stefan. Die Eltern sind im Dorf einkaufen.

Paula sitzt unter dem Sonnenschirm und liest. Stefan ist im Wasser.

Plötzlich hört Paula Stefan kreischen. Zwei große Jungs sind bei ihm. Es sind Toni und Roberto. Sie haben Stefan gepackt und versuchen, ihn zum Spaß unter Wasser zu drücken. Die Jungs lachen, und Stefan schreit. Er schlägt wild um sich, aber er kann sich nicht befreien.

„Das ist kein Spaß mehr!", denkt Paula.

Sie springt auf und läuft ins Wasser. „Lasst sofort meinen Bruder los!", ruft sie laut. Sie packt Toni am Arm und zerrt ihn von Stefan weg. Jetzt kann sich Stefan losmachen. Er spuckt Salzwasser.

„Ihr Blödmänner!", schreit er und boxt nach Roberto.

„Versucht das nicht noch mal!", droht Paula.

Toni und Roberto schwimmen davon.

„Ich schlag mich nicht mit Mädchen!", sagt Toni.

„Verzieht euch!", ruft ihnen Stefan nach.

„Haut ab, ihr Feiglinge!", brüllt Paula.

Danach sitzen Stefan und Paula im Sand.

„Ich hab dir das Leben gerettet!", sagt Paula.

„Hätt ich locker allein geschafft!", sagt Stefan.

„Logisch", sagt Paula und muss grinsen. „Ganz locker. Das hab ich ja gesehen."

Jetzt muss auch Stefan grinsen. Eigentlich ist er froh, dass er eine so starke und mutige Schwester hat.

Aber das wird er nie zugeben. Wetten?

Julia im Bad

„Du spinnst ja!", schreit Mama. „Du glaubst wohl, ich bin deine Putzfrau!"

„Du verstehst gar nichts!", schreit Papa. „Du hältst mich doch für einen Idioten! Ich kann alles tausendmal sagen! Aber du willst mich nicht verstehen!"

„Du willst *mich* nicht verstehen!", schreit Mama. „Du hast mich noch nie verstanden!"

Wenn sich Mama und Papa so anschreien, kommt sich Julia jämmerlich verloren und verlassen vor. Das ist noch viel schlimmer als Bauchschmerzen und Zahnweh zusammen. Schlimmer als Feueralarm, Hochwasser und Hautausschlag.

Beim Abendessen ist es schon wieder so weit. Und obwohl Mama heute so leckere Spagetti gekocht hat, wollen die gar nicht recht schmecken. Julia ist der Appetit vergangen. Wenn Mama und

Papa streiten, vergeht ihr immer der Appetit.

Mama behauptet, Papa liebt sie nicht mehr. Wahrscheinlich liebt er eine andere Frau. Papa schreit, das ist alles Quatsch, er hat eben viel Stress in der Arbeit. Klar kommt er da abends spät nach Hause. Was soll er machen!

„Du spinnst!", schreit Papa. „Du fantasierst!"

„Bitte nicht in diesem Ton!", schreit Mama.

Plötzlich knallt Julia den Löffel auf den Tisch. Tomatensoße spritzt über die Tischdecke. „Nein!", ruft sie.

Julia verschränkt die Arme über der Brust. Sie starrt ihre Nudeln an und hat Tränen in den Augen. Julia hat Angst.

Sie hat Angst, dass sich die Eltern irgendwann überhaupt nicht mehr vertragen. Sie hat Angst, dass Mama und Papa sich trennen. Was soll sie dann machen? Sie hat doch beide gleich lieb!

„Immer müsst ihr streiten!", weint Julia verzweifelt. „Immer, immer, immer!"

„Julia, bitte beruhig dich doch!", sagt Papa zu ihr. „Ist doch schon gut!"

„Gar nichts ist gut!", ruft Julia. „Gar nichts ist gut, wenn ihr euch streitet!" Sie rennt rüber ins Badezimmer und sperrt die Tür zu.

„Ich komm nie wieder raus!", ruft Julia. Sie will im Badezimmer bleiben, bis sie verhungert und verdurstet ist oder bis sich die Eltern wieder vertragen.

Mama klopft an die Tür. „Bitte Julchen, sei lieb und mach auf!"

Auch Papa steht vor der Tür. „Julia, sei vernünftig. Das hat doch keinen Sinn! Bitte mach die Tür auf!"

„Ihr mögt mich nicht mehr!", ruft Julia von drinnen. „Um mich kümmert ihr euch überhaupt nicht! Immer euer doofer Streit!"

„Natürlich mögen wir dich!", säuselt Papa. „Denk doch nicht so was!"

„Ich komm nie wieder raus!", ruft Julia.

Sie sitzt auf dem Badewannenrand. Ganz lange sitzt sie so da. Es kommt ihr vor wie eine halbe Ewigkeit.

„Wär ich doch nur in mein Zimmer gelaufen", denkt sie. „Hier im Bad ist es doch todlangweilig! In meinem Zimmer könnte ich viel schöner verhungern und verdursten. Ich könnte dabei lesen oder Kassetten hören. Aber hier? Hier stirbt man ja vor Langeweile!"

Mama und Papa haben aufgehört zu klopfen und zu rufen. Sie sind in der Küche und reden.

Um sich die Zeit zu vertreiben, dreht Julia den Wasserhahn ein bisschen auf und wieder zu, dann spült sie ein Haar in den Abfluss und dann noch eins, und dann geht sie aufs Klo, obwohl sie gar nicht muss. Sie wäscht sich die Hände, putzt sich die Zähne, kämmt sich die Haare, wäscht sich noch mal die Hände und setzt sich wieder auf die Badewanne. Sie fängt an, die Fliesen an der Wand zu zählen. Bei Nummer 33 hat sie plötzlich eine Idee. Sie macht das Fenster auf und klettert raus aufs Fensterbrett. So gut es geht, zieht sie das Fenster hinter sich zu. Dann springt sie hinunter in den Garten und landet weich in Mamas Blumenbeet. Julia läuft hinüber zur Terrassentür.

Heimlich schlüpft sie durch die offene Tür und setzt sich wieder an den Esstisch.

Sie sieht Papa an der Badezimmertür herumfummeln. Er hat einen Schraubenzieher geholt. Damit kann er die Tür leicht von außen aufmachen.

„Julia, wir kommen jetzt rein!", hört sie Papa sagen. Dann sind Mama und Papa auch schon drinnen.

„Du lieber Himmel, sie ist weg!", rufen beide wie aus einem Munde.

„Julia, wo bist du?", ruft Mama.

„Hier bin ich!", meldet sich Julia vom Wohnzimmer aus.

Mama und Papa stehen da mit offenem Mund. Wie hat sie das nur gemacht?

„Hast du gewusst, dass unsere Tochter eine Zauberin ist?", fragt Papa schmunzelnd.

„Allerhöchstens geahnt", sagt Mama. Dann setzen sie sich zu Julia an den Tisch. Die Spagetti sind inzwischen kalt.

„Ich mach uns die Soße noch mal warm", sagt Papa. Er steht auf und trägt den Topf in die Küche.

„Eine gute Idee", sagt Mama. Und zu Julia sagt sie: „Hab gar nicht gewusst, dass du zaubern kannst!"

„Kann ich auch nicht wirklich", sagt Julia. „Leider. Sonst würde ich ganz was anderes zaubern!"

Das Geburtstagsfest

Janna ist bei Paul zum Geburtstag eingeladen. Zu einem Tanzfest. Sie hat lange überlegt, was sie Paul schenken soll. Dann hat sie ein weißes T-Shirt gekauft. Für 20 Mark. Das ist viel Geld für Janna. Trotzdem hat sie es gekauft. Vorne drauf steht nämlich:
   ICH HABE EIN GROSSES HERZ!
   Das Herz ist draufgemalt. Dick und fett und rot wie Blut. „Was für ein schöner Spruch!", denkt Janna.

Das rote Herz soll eine versteckte Botschaft sein. Paul soll merken, dass sie ihn gern hat.

Janna seufzt. Paul hat so tolle schwarze Locken! Und wenn er will, kann er ganz schön nett sein!

Janna hat richtig Herzklopfen, als sie das T-Shirt einpackt. In rotes Geschenkpapier. Mit einer goldenen Schleife dran. Oder soll sie lieber die blaue nehmen? „Nein. Gold ist goldrichtig", denkt Janna.

Da klingelt es. Claudia steht draußen. Claudia ist ihre beste Freundin und kommt natürlich auch mit.

„Bist du fertig?", fragt Claudia.

„Schon fix und fertig", sagt Janna.

Dann machen sich die beiden auf den Weg.

Pauls Bruder Jörg macht ihnen die Tür auf. Er hat auch schwarze Locken, aber in ihn ist Janna trotzdem überhaupt nicht verliebt.

„Kommt rein!", ruft Jörg. „Wir sind im Keller. Die anderen sind alle schon da!"

Im Keller spielt laute Musik. Bunte Glühbirnen sind in die Lampen geschraubt. Das gibt tolles Partylicht.

Die Kinder sitzen alle auf den Stühlen oder hocken einfach auf dem Boden. Niemand tanzt. Gleich am Anfang schon zu tanzen wäre nicht besonders cool.

Paul steht neben der Stereoanlage und trinkt Cola. Janna und Claudia überreichen ihm ihre Päckchen.

Als Erstes packt er das Geschenk von Janna aus.

Er hält das T-Shirt hoch und liest laut: „ICH HABE EIN GROSSES HERZ!"

Die Kinder lachen. Der lange Jochen ruft: „Ich brech zusammen! Janna hat ihr Herz verschenkt! Janna ist verknallt!"

Silke ruft: „Ein großes Herz und ein großer Knall!"

„Ihr seid doof!", sagt Janna. Sie wird knallrot im Gesicht.

„Anziehn! Anziehn! Anziehn!", rufen Klaus und Steffi.

„Lieber nicht!", sagt Paul. Es ist ihm peinlich. Er verzieht das Gesicht und legt das T-Shirt schnell zur Seite.

Janna schießen Tränen in die Augen, so enttäuscht ist sie.

Da hat Paul auch schon das Päckchen von Claudia aufgerissen. Ein Buch ist drin. Ein Comic-Band.

„Stark!", ruft Paul. „Comics kann ich immer gebrauchen!"

Den ganzen Nachmittag kümmert sich Paul nur um Claudia. Ständig stecken die beiden zusammen. Sie albern herum und kichern und quasseln. Dann tanzen sie sogar. Lustig hüpfen sie herum! Mit Janna tanzt Paul kein einziges Mal.

Er bringt Claudia eine Cola und lässt sie sogar von seinem Wiener Würstchen abbeißen.

Janna ist sauer. Das hat sie sich alles ganz anders vorgestellt!

„Claudia ist eine dusslige Kuh", denkt sie.

„Wie albern sie mit Paul herumhüpft! Das soll Tanzen sein?"

Und da passiert es. Janna nimmt ihre Jacke und sagt: „Ich gehe jetzt!"

„Bleib doch noch!", sagt Claudia.

„Ja, bleib noch da. Ist doch lustig hier!", unterstützt sie Paul. Er hält Janna am Ärmel fest.

„Lass mich!", ruft Janna laut. Auf einmal ist sie richtig wütend. Sie reißt sich los, stolpert und fällt auf Jörg.

Jörg lässt sein Glas fallen. Cola spritzt auf seine Hose. „Bist du noch ganz dicht?", schreit Jörg.

Das Glas knallt auf den Fußboden und zerbricht. Jörg stößt Janna zur Seite und Janna tritt auf eine Glasscherbe.

Das harte Glas dringt ihr durch den Turnschuh in den Fuß.

„Ihr Blödmänner!", schreit Janna. „Ich hab mich geschnitten! Mein Fuß ist kaputt!"

Sie lässt sich auf einen Stuhl fallen. Paul will ihr helfen, den Schuh auszuziehen. „Geh weg!", sagt Janna. „Ich mach das allein!" Janna blutet an der Ferse.

Jörg ist nach oben gelaufen und kommt mit seiner Mutter zurück.

„Zeig mal her", sagt die Mutter. „Zum Glück ist es nur ein kleiner Schnitt."

Sie klebt Janna ein dickes Pflaster an den Fuß. „Tut es sehr weh?", fragt Paul besorgt.

„Ziemlich", sagt Janna.

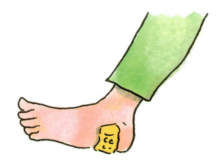

Vorsichtig versucht sie, aufzutreten. „Wie komm ich jetzt nur heim?", jammert Janna. „Ich kann nicht gut laufen!"

„Komm, Paul, begleite Janna nach Hause", sagt die Mutter. „Leider ist Papa mit dem Auto weg, sonst würd ich Janna fahren. Aber es ist ja nicht weit. Ihr schafft das schon."

„Klar, mach ich", sagt Paul. Er schaut Janna fragend an. „Willst du?"

„Ist o. k.", sagt Janna.

Sie stellt es sich trotz allem ganz schön vor, zusammen mit Paul nach Hause zu humpeln. Paul hilft Janna die Treppe hoch.

„Jetzt könnte ich sowieso nicht mehr tanzen mit dem kaputten Fuß", sagt Janna.

„War kein so tolles Fest für dich, oder?", sagt Paul.

„Nicht besonders", sagt Janna. „Ich glaube, heute ist nicht mein Tag."

Auf dem Garagendach

Micha, Tim und Johannes sind dicke Freunde. Jeden Tag treffen sie sich drüben im Hof bei den Garagen. Am liebsten sitzen sie oben auf dem Garagendach. Heute hat Micha seinen Kassettenrekorder dabei. Tim hat eine Flasche Spezi mitgebracht.

Was für ein schöner Tag! Micha und Tim ziehen ihre T-Shirts aus, und alle drei lassen sich die Sonne auf die Bäuche scheinen. Dazu singt Michael Jackson aus dem Rekorder. Alles wäre in Butter, gäbe es da nicht Herrn Krause. Herr Krause wohnt über den Garagen im zweiten Stock. Er mag es gar nicht, wenn sich die drei da herumtreiben. Das ist ihm ein Dorn im Auge. Es stört ihn beim Mittagsschlaf, beim Zeitunglesen und beim Teetrinken. Er denkt, dass Jungs grundsätzlich nicht auf Garagendächer gehören. Und Michael Jackson gefällt ihm auch nicht.

Herr Krause reißt das Fenster auf und ruft: „Verschwindet da unten! Ihr habt da nichts zu suchen!"

„Oh nein, nicht *er* schon wieder!", knurrt Tim.

„Oh Mann, er nervt mich!", sagt Johannes.

Micha ruft Herrn Krause zu:

„Das sind nicht *Ihre* Garagen!"

„Werd nur nicht frech!", ruft Herr Krause zurück. „Ich komm gleich runter! Dann setzt es was!"

„Ich mach mir in die Hose vor Angst!", sagt Micha.

Natürlich bleiben die drei da oben sitzen. Jetzt erst recht. Vor Herrn Krause braucht man keine Angst zu haben, er ist schon uralt. Er kann nicht mehr auf Garagen klettern und schnell laufen schon gar nicht. Da kann man leicht frech sein.

„Bla bla bla!", sagt Micha zu Herrn Krause.

Es macht richtig Spaß, ihn zu ärgern. Herr Krause verschwindet hinterm Fenster.

„Jetzt kommt er runter", sagt Johannes. „Was machen wir jetzt?"

„Gar nichts", sagt Micha, „wir bleiben da!"

Doch da erscheint Herr Krause wieder am Fenster. Er hat einen Topf mit Wasser dabei. Ohne ein Wort schüttet er das Wasser aus dem Fenster. Tim und Johannes können noch ausweichen, aber Micha wird voll erwischt. „Danke für die Dusche!", ruft er. „Das tut gut bei der Hitze!"

So ähnlich geht das jeden Tag. Die Jungs sitzen auf dem Garagendach und ärgern sich über Herrn Krause. Und Herr Krause ärgert sich über die Jungs.

Doch eines Tages bleibt das Fenster zu. Kein Krause lässt sich blicken. Eine ganze Woche ist er wie vom Erdboden verschluckt. Micha, Tim und Johannes können es sich nicht erklären. Wo ist er nur? Vielleicht im Urlaub? Dafür ist er schon zu alt. Er fährt nicht mehr weg.

„Er fehlt mir richtig!", sagt Johannes und lacht. Schließlich erfahren sie, dass Herr Krause im Krankenhaus liegt. „Er hat was am Magen!", erzählt Frau Auerfeld. Sie

hat den kleinen Lebensmittelladen an der Ecke und weiß über alles Bescheid. „Hoffentlich übersteht er das."

Die drei Jungs erschrecken ein wenig. Magenprobleme – kriegt man die nicht, wenn man sich zu viel aufregt?

„Hat er sich wegen uns so aufgeregt?", fragt Micha.

„Quatsch", sagt Johannes, „das war doch nicht so schlimm. Das war doch nur irgendwie Spaß."

„Für uns war's Spaß, für ihn war's Ernst", meint Micha.

„Bestimmt war sein Magen vorher schon kaputt", sagt Tim. „Sonst hätte er sich nicht immer so geärgert."

„Glaub ich auch", sagt Johannes. „Er war immer schon ein Sauertopf."

Drei Wochen später ist Herr Krause wieder daheim.

Er hat jetzt ein Kissen aufs Fensterbrett gelegt. So kann er sich aufstützen, wenn er aus dem Fenster schaut. Und er schaut

jeden Tag aus dem Fenster. Stundenlang. Auch wenn da draußen gar nichts Interessantes passiert.

Micha, Tim und Johannes lassen sich jetzt gar nicht mehr blicken. Sie trauen sich nicht so richtig. Wenn sie doch mal an seinem Fenster vorbeigehen, rufen sie: „Tag Herr Krause! Wie geht's?" Herr Krause sagt nichts. Er nickt ihnen nur zu.

Eines Tages, als die drei Freunde wieder da vorbeigehen, rutscht Herrn Krause sein Kissen vom Fenstersims. Es landet unten auf dem Gehweg. Micha bückt sich und hebt es auf.

„Machen Sie mir die Tür auf?", ruft er Herrn Krause zu. „Ich bring es Ihnen hoch!"

Der Türdrücker summt.

Micha läuft die Treppe hinauf.

Dann steht er vor Herrn Krause. Er hält ihm das Kissen hin. Da sieht er Herrn Krause zum ersten Mal lächeln.

„Danke dir!", sagt Herr Krause. In der Hand hat er eine Tafel Schokolade. „Die ist für dich. Aber iss nicht alles alleine auf!"

Erhard Dietl, 1953 in Regensburg geboren, dachte sich schon als Kind gern Geschichten aus und malte Bilder dazu. Nach seinem Grafik- und Kunststudium machte er sich selbstständig. Erhard Dietl illustrierte zahlreiche Kinderbücher. Über 40 davon hat er auch selbst geschrieben. Seine Bücher wurden mit vielen Preisen ausgezeichnet, unter anderem mit dem österreichischen Kinderbuchpreis.

Leselöwen

Abc-Geschichten
Adventsgeschichten
Ballettgeschichten
Computergeschichten
Cowboygeschichten
Dachbodengeschichten
Delfingeschichten
Detektivgeschichten
Dinosauriergeschichten
Drachengeschichten
Feriengeschichten
Freundschaftsgeschichten
Fußballgeschichten
Geburtstagsgeschichten
Geheimnisgeschichten
Geistergeschichten
Geschwistergeschichten
Gespenstergeschichten
Gruselgeschichten
Gutenachtgeschichten
Hundegeschichten
Ich-mag-dich-Geschichten
Indianergeschichten
Kinderrätsel
Kinderwitze
Kuschelgeschichten
Lachgeschichten
Monstergeschichten
Naturgeschichten

Opageschichten
Ostergeschichten
Osterhasengeschichten
Pferdegeschichten
Ponygeschichten
Quatschgeschichten
Räubergeschichten
Rittergeschichten
Scherzfragen
Schlaf-gut-Geschichten
Schlummergeschichten
Schmunzelgeschichten
Schulgeschichten
Schulklassengeschichten
Schweinchengeschichten
Spukgeschichten
Streitgeschichten
Taschengeldgeschichten
Tennisgeschichten
Tiergeschichten
Überraschungsgeschichten
Ungeheuergeschichten
Unsinngeschichten
Verkehrsgeschichten
Weihnachtsgedichte
Weihnachtsgeschichten
Weltraumgeschichten
Wintergeschichten
Zählgeschichten